MIXTE
Papier issu de sources responsables
FSC® C122901
www.fsc.org

Titre original : 어느 멋진 날 *(One Fine Day)*

Publication originale en République de Corée en 2017 par JEI Corporation

Traduction : Chloé Laborde
L'édition française a été publiée en accord avec JEI Corporation via Shinwon Agency Co.

© L'Élan vert, Saint-Pierre-des-Corps, 2021, www.elanvert.fr, dépôt légal juin 2021 - Bibliothèque nationale 978-2-84455-607-3
Imprimé en Chine - Loi n° 49-956 du 16 juillet 1949 sur les publications destinées à la jeunesse.

L'île de Grand-Père

Joung-mi Yoon

l'élan vert

Cet été-là, Joon-so allait passer
toutes les vacances chez son grand-père.
– Ces deux mois à la mer te feront le plus grand bien,
lui avaient dit ses parents.
Il n'était pas d'accord… absolument pas d'accord.
L'île était toujours si calme, si tranquille
qu'elle semblait endormie.

Un matin, Grand-Père appela son petit-fils :

– Que dirais-tu de faire une balade en mer ?

Joon-so fit la moue. Le bateau… Il n'avait jamais aimé ça.

Il préférait de loin jouer à la console.

– Le ciel est particulièrement bleu. Je me demande
si nous verrons la grotte marine…
Une grotte marine ? Joon-so était intrigué.
Après tout, pourquoi ne pas accompagner son grand-père ?
Et il monta sur son vélo.

Ils traversèrent le village…

Seules quelques mouettes se réveillèrent sur leur passage.

— Arrêtons-nous ici !

Grand-Père grimpa tout en haut du phare et nettoya soigneusement la lampe.

— Il vient tous les jours ici, qu'il pleuve ou qu'il vente, confia le gardien au garçon.

Mais Joon-so, tout absorbé par son jeu vidéo, n'entendit pas…

Dans le bateau trônait un grand bac d'herbes folles.

Grand-Père en jeta une belle brassée à l'eau.

– Avant de partir, il faut honorer la mer !

Puisses-tu, mer des hommes, nous ramener à bon port, déclama-t-il.

« Quel étrange grand-père », pensa Joon-so.

– Allons-y ! Avant que l'océan et le ciel ne changent d'avis.

Ils naviguèrent longtemps.

Enfin, la grotte marine apparut !

Elle était immense, époustouflante...
encore bien plus impressionnante que les gratte-ciel de la ville.
Pour la première fois depuis son arrivée,
Joon-so sentit son cœur battre d'excitation.

Le bateau glissa dans la grotte… L'enfant resta bouche bée.
Était-ce le palais de Poséidon ?

Combien de temps s'était écoulé ?
Joon-so n'en avait aucune idée.
Mais tandis que le bateau s'apprêtait
à sortir de la grotte, il s'aperçut
que son grand-père avait disparu !

– Grand-Père ! Où es-tu ?

Joon-so vit alors les herbes jetées
au port flotter autour du bateau
puis être happées une à une.
— Que se passe-t-il ? murmura-t-il.
Soudain, l'eau se troubla…

— Bonjour, Joon-so ! Nous sommes les daims des mers.
Tu remercieras ton grand-père pour ces friandises !
Le garçon écarquilla les yeux.
— Vous le connaissez ? Vous savez où il se trouve ?
— Oui, bien sûr.
Un mâle l'invita à monter sur son dos et ils plongèrent dans l'océan.

Les fonds marins étaient si beaux,
si riches de couleurs et de poissons…
– Je suis sûr que ton grand-père
est près du phare ! Je t'y emmène !

Le daim des mers déposa l'enfant sur la plage.
La tour de guet s'élevait un peu plus loin.
Joon-so y courut en respirant à pleins poumons
l'air marin.

Mais une fois arrivé sur la jetée,

ce fut un vieil ours, gigantesque, qui se dressait devant lui.

— Oh ! Excusez-moi. Je cherchais le phare.

Comment ai-je pu me tromper ?

– Je ne comprends pas… Pourtant, il était bien ici… ajouta Joon-so. Cela voudrait dire que… vous êtes le phare ?

– Oui, mon enfant. Et ton grand-père nettoie mes lunettes tous les jours afin que je puisse parfaitement guider les bateaux.

– C'est vrai ? Votre vue doit être extraordinaire ! Pourriez-vous m'aider à le chercher ?

L'ours installa le garçon sur son épaule. Quel étrange paysage !
Qui pouvait bien habiter ces maisons-coquillages
ou encore naviguer sur ces drôles de bateaux ?

Joon-so scruta ce monde fantastique.
Puis, bercé par le clapotis des vagues
et le chant des mouettes, il ferma ses paupières.

– Joon-so ! Joon-so !

– Grand-Père ! dit l'enfant en clignant des yeux. Mais où étais-tu ?

Le vieil homme sourit.

– S'il te plaît ! On peut refaire du bateau demain ?

– Avec plaisir, Joon-so !

Sur les flots piqués d'argent dans le soleil couchant,
ils rentrèrent tranquillement. Qui sait ?
Les vacances réserveraient peut-être d'autres surprises ?